¿pasarás a despedirte?

Belén Soto

¿pasarás a despedirte?

blatt & ríos

© 2024, Belén Soto
© 2024, por esta edición: Blatt & Ríos

1ª edición abril de 2024

Edición al cuidado de Paula Pérez-Roda
Diseño de cubierta: Iñaki Jankowski | www.jij.com.ar
Fotografía de cubierta: Erea Fernández

blatt-rios.com.ar

ISBN: 978-84-126059-6-9
DEPÓSITO LEGAL: M-7607-2024

Impreso en España / Printed in Spain

Projecte produït amb el suport de Barcelona Producció 2023–2024.
La Capella, Institut de Cultura de Barcelona
Proyecto producido con el apoyo de Barcelona Producció 2023–2024.
La Capella, Instituto de Cultura de Barcelona

Lo que pasó, como algo que oí el otro día en la tele
(no cito, con mis palabras):
cuéntalo todo, exagerando muchísimo

como esto se acabe pienso ir a tu casa y robarte lo que más
me guste
no te creas que voy de lista
no sería la primera vez
mi casa está llena de objetos robados a ex_____s

otra imaginación: en realidad se tiró porque
echaba de menos a su novia
que se había ido de vacaciones a portugal con su familia
y nunca había pasado tantos días sin saber de ella
ni ella ni la novia usaban smartphones
su novia andaba comiendo pasteles de belén
—qué empacho, no podía con uno más—
la hija de la novia se quedó sin datos
y la novia no pudo llamarle
así que le entraron los celos la preocupación
y si le había pasado algo?
y si le había olvidado?
y si había conocido a otra persona? no sería otro hombre?
nunca había sufrido ghosting
solo tuvo un marido pesado controlador
y una novia muy presente y atenta
de repente la desaparición pudo con ella
y se lanzó por encima de la barandilla

incondicional no en el sentido de: nos hagamos lo que nos hagamos esto va a seguir para siempre
incondicional en el sentido de: pase lo que pase siempre vamos a hacer por estar bien

«funcionan –por fe y deseo»

Una de mis novias pensó un día que les iba a dejar y quedó con la otra para contárselo convincentemente –a esta novia se le da genial contar historias. Lloraron toda la tarde y empezaron un duelo que me confesaron una semana después. Un año más tarde les he dejado de verdad y hemos llorado juntas las tres. Yo creo que, en el fondo, cuando entre las dos se hicieron a la idea de que les iba a dejar, pasaron un dolor tan fuerte que ya no pudieron volver atrás. Durante todo este último año les noté más desprendidas, como habiendo alcanzado un desapego que ya preferían no perder para no sufrir más. Igualmente ahora somos amantes y así nos quedamos por el momento.

¿y si escribo sobre los pensamientos que me genera cuánto
folla o deja de follar alguien?
y para poder entrar en la profundidad de mi
estupefacción o preocupación o envidia o interés de otro tipo
entro en detalles, pongo en contexto
—lo que pasaba es que tenían amantes y no lo sabían, o que
sí lo sabían, o que habían tenido bebés, o que no paraba
de pensar y se había olvidado de su cuerpo, o que no
tenía trabajo, o que se había hecho bollera, o que estaba
deprimida, o que había dejado de estarlo, que reaccionó así
a la muerte, que descubrió un movimiento en el yoga del
centro cívico, que pensaba que estaba fea, que se enamoró,
que se obsesionó…—
y meto algunos detalles que hacen la historia más
interesante:
con su amiga, por su ex, porque una panda de imbéciles
decidieron cancelarle, que estaba en un periodo
de decepción profunda, que la terapia le fue genial
para sentirse más cómoda con esa fase, que dejó de
culpabilizarse, que entonces decidió transicionar, que
perdió el tren y la otra pensó que estaba pasando de ella,
que llegó tan borracha que se quedó dormida a medias,
que se activó un trauma y lo canalizó a través de quien
tenía delante, que si los fantasmas, que si además esa
persona fue palmariana —así que imagínate cómo de fuerte
se cree a veces las cosas—, y trabaja junto a la que estaba
decepcionada, que era la ex de la amiga…
y entonces puedes atar cabos y decir: ya sé, está hablando
de la chica que conocí en el bar!!!
resulta que difamé o solté demasiada información no
consentida sobre alguien
o lo pareció

¿se enfadó conmigo?
¿le pedí permiso?
¿desidentitaricé lo suficiente?
¿dirá que abusé de su confianza?
¿el arte lo más grande da igual?
¿tampoco era tan amiga?
¿en realidad no estaba hablando de ella?
¿pordios quién busca verdad aquí?

«lo importante es la escritura, no quien escribe»
¿y el mundo donde encuentras la escritura?

X K ESTOY TRISTE?

Examen

(esto es un juego que hacía con mi hermana, consiste en inventarse un examen con distintos ejercicios cuyas preguntas y respuestas intenten hacernos partir de risa. este ejercicio lo envié por mail un rato en que no tenía nada que hacer en el trabajo):

1.- Estás en una inauguración de expo en la que todo el mundo te mira de arriba a abajo, analiza con quién has llegado, observa cómo te relacionas con quienes ya estaban, cómo saludas o te saludan, tu peinado y tus zapatos, el color de tus dientes, te preguntan en qué (realmente: con quién / para quién) estás trabajando. Te da la sensación de que en las conversaciones flotan aproximaciones a ideas desde la obediencia –TOL RATO SÓLO OBEDIENCIA–, trenzando elocuentemente los términos que más cotizan en los últimos meses. Ya sabemos que a ti lo que te gusta es tocar el fondo de las cosas, de una manera casi morbosa necesitas llegar a las capas más profundas, blanditas e inquietantes de cada tema, y que los protocolos de ese tipo de evento se basen tanto en la retórica y tan poco en hablar del hecho artístico en sí mismo –o, ¡simplemente!: ¿cómo está tu amiga?– te ha desquiciado, otra vez más. Hoy, en lugar de empezar a sentir ansiedad y salir corriendo con otra indisimulada bomba de humo, decides pasártelo bien. Describe brevemente tu invento:

Respuesta

NO VOY A INAUGURACIONES ♡ POR QUIÉN ME HAS TOMADO

<u>1</u>

el tiempo el tiempo así como menos tieso y de punta, más
como una cosa a morro toda a la vez,
atrás y porvenir :ocurriendo[1]:

---

[1] Me ha ido dejando despacito y no me he dado cuenta?
—o no tiene que ver tanto conmigo: se ha ido dejando despacio y
no me he dado cuenta? pero de eso también formo parte
y al final
el resultado = me ha dejado despacito y no nos hemos
dado cuenta?

hay una etapa por la que paso cuando estoy conociendo a alguien que empiezo a querer mucho en la que siento una especie de nostalgia usurpada cuando me encuentro con flashes de historias sinceras suyas previas a mi existencia. por ejemplo: leo en el libro de ro sobre miamor en la fiesta de las cerezas; o las amigas cuentan el verano en el delta en el que una se rasgó el corazón con una verja y le acostaron al lado de una hoguera en la playa mientras le hacían un círculo de pipas y canciones; o rafi explica que de pequeña estaba convencida de que era lesbiana y estaba enamorada de su mejor amiga; o unnovio hablaba de algo sobre lo que sabía mucho porque le había dedicado mucho cariño a estudiar. no sé, siento como que se me encoge el pecho, pero no es celoso o sufrido, es bonito. es como un instinto expansivo de echar de menos no haber estado. qué pesada soy, quizás, que ya sé que no hace falta estar en todo. pero puh, me sale como con cariño y admiración el deseo de observarles ahí y ver cómo de felices/drogades/motivades/amoroses/guapes estaban.

x k estoy triste?

I

Porque lo he visto, tía, he visto unas garras, he visto el
petróleo que se engancha a mi cara y me tira de los ojos
y de los carrillos hacia abajo y me deja así y no se puede
despegar,
          me interviene y no se suelta
  se queda ahí imborrable y me duele y no puedo volver
          atrás

Necesitábamos creer que alguien podía querernos de esa
manera maravillosa, necesitábamos demostrar que ese
amor existe en el mundo y no sólo está en unos pocos
casos que además son transitorios, así que nos lanzamos a
hacerlo, pese a que no nos correspondían, sólo por nuestra
necesidad de demostrar: si podíamos, ¿cómo íbamos a ser
les úniques?

Luego petamos, o necesitamos un descanso o ya el reflejo
de ese modo de querer y se nos rompió el corazón porque
no volvió en retorno.
     se rompe el corazón de desarraigo

un día en córdoba vi a una mujer preciosa, con el pelo
recogido en un moño desastroso, aparato en los dientes
y un lunar gigante en la frente. me estremeció su
magnetismo, flechazo, me sonrojaba cuando cruzábamos
la mirada. había un bebé en sus brazos y al rato salió al
jardín con un montón más de niñes y algunas madres. un
año después salí de la oficina a hacer una llamada cuando
apareció otra vez, como si fuera una virgen en el campo
anunciando a niñes pastores, pero era una madre dando
leche a su bebé mientras otro montón de niñes correteaban
y chillaban a su alrededor y nos hacían graffitis en el jardín.
enmudecí cuando me miró, pero después me acerqué a
saludarle con timidez y emoción.
ahora es mi amiga
nos tocamos muchísimo.
ahora sarai te da la mano por debajo de la sábana
ahora sarai arrullándote para que te duermas, como
cuando acuesta a tigran, que se despierta al moverse ella de
cama y solloza un poco pero escucha el cucucucu de sarai
en su oído y sus besos y tú nada más que de oírlo te sientes
abrazada y protegida y amada y te puuuuuuh te duermes

la cara de muerta

algunas de nosotras no vamos a aguantar hasta los 40
a los 50 seremos menos
y menos cuando tengamos 60
y así...

a veces pienso en la muerte
y en que algunas vamos a enfermar
otras vamos a suicidarnos
otras vamos a caernos por un hueco profundo y
habrá un fondo que nos rompa
a alguna nos matarán queriendo o sin querer
yo me moriré en algún momento
y no sé cuánto pensaré en ello entonces
si lo aceptaré
si lo desearé
si tendré miedo
si será inesperado o si lo estaré buscando
he pensado pocas veces en el balcón
pero a veces sí siento una pulsión de

a ti te pasa?

cuento detraca:

elenamaría tiene un follón que
pffff

no sé por dónde empezar
me sale lo primero lo de los 5 años sin follar
con la persona que duerme todos los días
con la persona que dice que quiere tanto y que desea
con quien tiene el niñe

pero antes de tenerle, elenamaría tuvo dudas
(antes ya llevaban otros 10 años de novias)
hubo uno de esos dramones increíbles
un cisma
que terminó con la transición de fer
que terminó en un revivir la relación
y al poco DECIDIR TENER UN BEBÉ
y al nada QUEDARSE EMBARAZADA
rollo en la semana 2 de probar a embarazarse

entonces todo tomó esa forma enloquecida superintensa
de implicación que tienen elles
de cuidado y criar criar criar
y no dio para follar
y mucho menos para sanar la inseguridad
y entonces decidieron que fer también se iba a embarazar
pero fer no pudo
se deprimió, dejó la terapia,
empezó otra en la que no hablaba de ninguna de las
cosas que estaban siendo realmente importantes
y siguieron criando cuidando y amando al niñe como

nunca me quisieron a mí en casa
pero un poco más tristes y evitades
y todo siguió enloquecido superintenso
fascinante cómo convive tanto amor con esa distancia
que se tienen

total que el bebé ahora tiene 5 años
vamos que ya no es bebé
y elenamaría y fer se están dando cuenta de
que no se quieren y desean tanto como decían
—vamos, ya me parece extraordinario que elenamaría dijera
que deseaba aún a fer
después de tantos años sin follar, no sólo con él, sino
con nadie!!
y a la vez tener tantas ganas
y a la vez, después de haber sido tan ligona, llevarlo todo a
un mundo de fantasía
que le ha hecho disfuncional en el ligar—
y se da cuenta de
que sus discusiones y bloqueos les hacen mucho daño
no sólo a elles sino también al niñe
pero crearon tal dependencia que elenamaría
no le puede dejar

no le permite acabar la relación, de hecho
han pasado crisis terribles en los últimos años y
elenamaría es como que niega la posibilidad de romper
obliga a su novio a seguir a través de no sé qué
mecanismos
y mira que yo amo a elenamaría, la encuentro una
de las personas más
sensibles, auténticas, agarradas a los detalles más
pequeños e importantes de la vida

pero no sé qué le pasa
por qué se aferra tanto a fer
por qué se niega a ir a terapia
por qué se empeña en montar una tienda de medias
que hace más difícil
la separación de bienes
por qué se niega a chorrear con gente –con lo que le
apetece–
por qué está tan bloqueada la honestidad con fer
con lo bien que le sale traer la honestidad con cualquier
otra cosa

y lleva unos meses supertriste
y sigue corriendo corriendo corriendo hacia delante sin
mirar atrás
sin pararse a hablar
sin ser capaz de contarnos lo que le pasa
aunque le rezuma por todas partes
y a todas nos tiene preocupadísimas

peleando cada vez más
poniéndose cada vez más triste
pffff :(

cuento paranoico:

A mediados de los años 60 y hasta principios de los 70 hubo
un movimiento español popular clandestino que promovió
la filmación doméstica en película analógica para registrar
pedazos de alegría en los modos de vida de la época.
Impulsado por ciertos círculos de pintores de acuarela,
escritores de poemas y amigos con patios de la zona
sur de la península, se llamaron P.A.P.I. (Permanezca la
Alegría Permanezca la Ilusión) y repartían cámaras super8
entre hombres con ojos atentos —aunque algunas mujeres
utilizaron los equipos para registrar materiales, nunca fueron
acreditadas por los señores que orquestaron la cosa en el
momento. El movimiento creció en cierta medida pero
siempre pequeña escala hacia todos los territorios del reino.

El plan de conspiración consistía en: generar material fílmico
y silvestre de todos los lugares posibles, conservarlo en un
lugar seguro hasta que volvieran a buscarlo. Casi todos
los hombres con ojos atentos siguieron las instrucciones,
casi todos ya murieron. Las familias van encontrando esos
materiales y van consiguiendo digitalizarlos, visionarlos o
donarlos a algún archivo o colectivo que los pueda conservar/
dar uso. Las imágenes son vibrantes: cumpleaños, bailes,
paseos por el campo, mujeres cantando mientras trabajan
en el huerto, niños jugando, la feria, la semana santa, los
domingos, navidad… El objetivo último de P.A.P.I. era
mostrar a quienes miramos en el presente cómo se hacía la
alegría en un tiempo decepcionante, para que en los futuros
momentos de tragedia, desesperanza, cinismo, angustia,
recordáramos algunos referentes.

Durante mucho sostuvimos una relación
extraña, de enamoramiento y fraternidad
al mismo tiempo.
Bueno, al menos en la fantasía.

porque además de las etapas promiscuas
donde las historias sucedían en los
cuerpos, en la práctica,
en paralelo vivía un mundo de afectos
como telepático
donde le decía a las personas con el
pensamiento que
lo nuestro no podía ser así,
a esa hora del día, en
el césped de la piscina,
pero que con la mente nos podíamos hacer
todo lo que deseábamos
y bueno: cómo me recreaba
entonces yo tenía novies de la mente
con les que obviamente no se podía decir nada explícito
porque se rompía el hechizo
pero con quienes tenía un romance que
boh!
flipas
y no sé, igual ahora te parece una mierda
pero yo lo disfruto muchísimo
cuando pasa,
no me quita de ná más

Cerca del aeropuerto conocí a una panadera con el pelo de harina. Decía: ¡no pienso ser un muermo por haber cumplido 60! Me dio 3 abrazos demasiado largos, pero yo tampoco supe decirle que los prefería de otra manera. Un día contó que, con su amiga pastora y su amiga costurera, sube al monte a drogarse y hacer ouija.

Invocan a otras mujeres y les cuentan sus cosas.

También, que se hacen trajes, se los ponen y celebran que se casan a 3. Dijo que en sus encuentros asumen roles rotativos con unos nombres inventados de los que no me acuerdo, para ir encargándose cada una de un grupo de tareas que consideran importantes para meterse con lo misterioso, nada relacionado con ciertos feminismos —¡maníos!— que cansinean con los universos brujiles, todo desvaríos con colegas, para montar intrigas que no se compran…

Qué coraje pagar por cosas que pueden hacerse sin gastar dinero: beber un vaso de agua, hacer deporte, aprender a programar, entender qué le pasa a la cisterna del baño, salir con tu amiga a darte un paseo… —y anda que por las que no son gratis y deberían ▬▬ ¡qué ciudades horripilantes donde todo se compra y no hay fuentes de agua potable en las esquinas!

cosas bonitas gratis:

(1) Leer libros y cómics de la biblioteca.
(2) Pedir cita en una clínica de operaciones estéticas muy cara para pedir presupuestos y cotillear el ambiente (esto no sé si es bonito pero diver sí).
(3) Ser gay!

Anda, no escribas un libro para
resarcir tu dolor,
tus conflictos:
un libro venganza o salvación
donde bien atar todos los
motivos de la acción
(Te está mirando el señor)
No hagas una peli de esa
versión:
pobrecita, pero valiente
—¡qué razón tenía, no nos
dábamos cuenta!
¿eso esperas?—,
una historia cerrada.
Sin haber tenido todas las
conversaciones incómodas,
enloquecedoras.
¿Para qué?
¿Encontrarás el amor que
buscas en receptores
desconocides?
¿Eso es lo que queda?

(A)

Demasiado dios para ser árbol

(árbol está por encima de dios)

contesta para
comprobar que
existes, porfa

carta de reclamación

En _____, a ___ de _____ de 202_

Re: yo también odio trabajar

Querida otra patita de este banco:

Me dirijo a ti para informarte de que necesito que prestes atención a algo. Eres una compañera genial. Me haces los días de oficina más divertidos, tan amables, tan ligeros, me encanta lo ordenadas que dejas todas las carpetas del drive y los tecitos que ofreces para echar un rato cotilleando sobre cualquier cosa. Después de tantas experiencias desagradables y escuchando las historias de otras amigas, me siento realmente afortunada de tener una compañera como tú, tan atenta, tan inteligente, tan conectada, tan risueña, tan amiga. Sin embargo, tal y como me pasa a mí misma y a todo el mundo, detecté un problemilla que, aclaremos, no nubla todo lo anterior.

El pasado _____ estuvimos preparando el dossier de _____ y sentí que dejaste para mí la parte más aburrida e insoportable de redactar. Sabiendo que tú también estás harta de tanta burocracia y gestiones repetitivas, que la parte del trabajo que menos nos atormenta es muy distinta a esta mierda, ¿crees que podemos repartirnos de otra manera? A partir de ahora, pensé que podríamos dividir las partes más desquiciantes y las más ligeras, y ponernos un poco de reguetón mientras lo hacemos o de algo más relajante si el reguetón no nos deja concentrarnos porque nos tienta demasiado a soltar el teclado y empezar a mover el culo.

Puedes ponerte en contacto conmigo al terminar esta carta para comentar todos los detalles que te sean de interés o utilidad. Estaré encantada de escuchar si yo hice cualquier cosa que te estresó a ti e intentaré cambiarla. Si te da más risa puedes escribirme otra carta de reclamación de vuelta, como si fuéramos dos clientas enfadadas.

Quedo a la espera de tu respuesta y agradeceré una resolución para este problema. Esperaré hasta [establecer un plazo de tiempo razonable] antes de iniciar otras estrategias que nos ayuden con esto.

ojalá sólo nos viéramos para las cervezas de la tarde <3

_____

<u>2</u>

me quemé el culo y la espalda
y me pica mucho
Ahora me toco esa zona y no sé si me estoy pelando o son
bolitas de sudor
porque hace tanto calor
el aire chorrea

el pisaje *(de pisar)*

unnovio sus problemitas. la verdad: estar con esa persona
fue lo peor que me ha pasado afectivamente y, a la vez,
una parte optimista de mí —es insoportable lo optimista
que puedo llegar a ser— lo agradece porque lo viví como *el
rebose*: se llenó mi vaso, ya no cabe más estupidez, ya nunca
más liarme con gente que es obviamente gilipollas. Yo, en
ese momento, estaba loca perdida, como ahora pero de
otra manera, y me dio por follar en sitios no destinados
a ello. Así que una noche me lo llevé a una biblioteca
después de una fiesta. Estaba tan borracho que se le
olvidaron los calcetines y por eso la gente se dio cuenta
al día siguiente de que algo había ocurrido ahí la noche
anterior —y estuve sufriendo porque no me descubrieran.
Eso me dio risa. Después las cosas empezaron a hacerme
menos gracia. Decía: «esos del 15M que dicen 'no nos
mires, únete' qué se piensan? que voy a dejar mi maletín
de piel de serpiente en la acera y me voy a ir con ellos?»
No era capaz de aceptar que me quería para él solito pero
me despreciaba cada vez que me iba con otra persona.
A mí lo de la desnudez me parecía una cosa bastante
irrelevante —por eso, en parte, me daba igual follar por
ahí o cambiarme delante de cualquiera, era la manera
contrafóbica de enfrentar mis inseguridades corporales,
o un hacer justicia tras los traumas y complejos de la
adolescencia, o simplemente un: qué va a desvelar la
imagen de mi cuerpo que no desparrame yo misme desde
mi boquita y mis acciones— así que un día hicimos una
apuesta y si yo perdía le dejaba que subiera una foto de
mis tetas a su perfil del foro de coches. Me la sudaba tanto
que era una apuesta que sabía que iba a perder, pero luego

vi desde mi cuentaespía del foro de coches lo que había
pasado con la foto: que se había convertido en un hilo de
burla de mis pezones invertidos —y le odié más por leerle
contribuyendo a las risas borregas. Pero nada, me seguía
apeteciendo follar con él. Otro día me lo llevé a follar al
centro de un campo de rugby y, como no fue capaz de
relajarse y disfrutarlo, me espetó que él iba a ser juez y que
no iba a perder más el tiempo conmigo, que me fuera con
cualquier otro pringado de los que me gustaban. Y se fue
corriendo tapándose la cara como si hubiera paparazzis
preparando la campaña de su futuro escarnio público.
Me decía «ancha es Castilla y estrechas las castellanas,
menos mal que tú eres andaluza». Y a mí pues yo qué sé,
me hacía gracia que fuera tan gilipollas. ¡¿POR QUÉ?! Vi
un meme ahora que me recuerda a lo que pensaba en esa
época, dice: «amiga ese tipo nada más te quiere para coger
/ y tú piensas que yo lo quiero para casarme o q pedo?
jajsj». Yo pensaba eso pero tenía que estar enganchada
porque vamos, qué necesidad. Un día que llevaba tiempo
sin enrollarme con unnovio porque la última vez me había
pegado en la cara y le había dicho que no me apetecía más
—por fin ya me estaba empachando—, nos emborrachamos
y me pidió perdón de una manera supertierna, me confesó
que todo era por inseguridad y que sabía que le costaba
expresar sus sentimientos pero que iba a dejar de hacer eso.
Y me fui a dormir con él. Al día siguiente me dijo que se
lo había inventado, que sólo quería follar. Y NO ME FUE
SUFICIENTE!! Hasta que no se fue a otro país y cambié
las sábanas y me sentí aliviada no me liberé de unnovio.

la conclusión positiva de todo esto es que hace ya muchos
años que *el rebose*: tragaderas de lo aborrecible satisfechas.

En algún momento del soporífero *Por el camino de Swann* alguien se preguntaba por qué le extrañaba a la gente que al prota la gustara una mujer que no «le merecía» según los estándares de cuánto vale cada persona para emparejarse con qué otra, si realmente dependía de una escala de ciertos valores quién te podía volver loqui. Me acuerdo de eso muchas veces porque no y sí, porque qué bueno cuando te remueve la gente independientemente de su capital.

A ver, sí, qué enganchades estamos a simetrías como la de clase –o peor aún: a fingirla.

que cuando desde la poca clase une hace equipo o busca afines hace fuerza y eso ayuda, pero imagina: si la redistribución, transparente, generosa, sinvergüenza, la hiciéramos desde la actitud del ligue, qué?

«tengo dudas con esto»

«ya, a ver, es que esto abre temas tremendos y creo que leerlo genera más inquietud y reticencias que otra cosa.. ¿no? pero lo que estoy diciendo es que SE FINGE que no hay clases y que sería interesante no fingirlo y utilizarlo a nuestro favor. que no tengo una respuesta clara sobre si es posible, pero sí pienso que al menos es positivo preguntarse si es posible –y hacerlo desde un diálogo y escucha interclase de toma de responsabilidad. porque ahora lo que hay es o una posición inviable de 'hay que matar a los ricos!' o una parálisis atemorizada con el tema»

No me da tiempo
entre tanto

      martes performance
miércoles sesión de escucha miércoles proyección
más el jueves
más el viernes
y otra cosa el sábado por la mañana
y el domingo finissage

para que llegue a importarme ninguna
necesito *aire*
necesito *verdad*
      Voy a descansar chau.

(B)

solar destinado a nuevo templo

no era por ahí /
demasiado dios para ser verdad
demasiada verdad para encontrar a dios

-

Todo está lleno de muertos
Las cenizas del abuelo han sido comidas por un algarrobo
lo veo en las hojas
Hay cenizas y pedazos de muertos en todas partes
en la madera del armario
en mis sábanas
en mis sábados
en la lámpara en rafi mi pelo el pie
también iré a parar yo a muchos sitios

un día estaba de vacaciones con unnovio
llegamos a una cola para entrar a una capilla
habíamos discutido varias veces y llegué a
un colmo de hartura
empecé a llorar
y no podía parar de pensar que lo que me pasaba era que
no quería
estar ahí con él
que no quería estar con él
que él ocupara ese lugar en mi vida
pero no podía escapar
porque acabábamos de empezar un viaje de 15 días
así que le dije que lloraba porque tenía mucho calor.
si te dejé por señor burgués
y quieres ser mi amigo
tienes que dejar de ser señor burgués
porque sea el vínculo que sea a mí eso me desquicia
creo que podríamos reconciliarnos
siempre tengo esa esperanza con todo el mundo
por qué contigo no
dices que no te cuento intimidades
tú me has contado que has conocido a una chica por tinder
y que tu madre tiene novio
tú mismo dices «bueno,
me has enseñado una foto de los pies de tu abuela»
para ti eso ya es muy íntimo

x k estoy triste?

II

Me pone muy nerviosa la gente que sabe que es la mejor haciendo algo. Cómo lo dice, o cómo sin decirlo desprende la certeza. Cómo desafía sin hacer necesariamente nada explícito a quien se proponga ocupar su posición, o a quien interprete que podría hacerlo.

A ver, para ubicarlo un poco, digo *haciendo algo* en los términos neoliberales del contexto en el que subsistimos quienes tenemos un curro relacionado con lo artístico_ cultural, por tanto, hablo de alguien que capitaliza sus prácticas artísticas o de pensamiento. Ea: cuando ganas dinero y prestigio a través de construir objetos, o hacer música, o dibujos, o escribir libros, o hablar en público, o ponerte en un escenario para que te miren haciendo cosas… En este contexto, entonces, el *hacer algo* capitalizable es difuso porque haces cosas que hacemos un poco todes de manera improductiva –no sé, yo hago mesas y bordo y canto «Abducida por formar una pareja» cada vez que me lo piden y dibujo en papeles y en pieles y si no hay más remedio o voy muy ciega a veces me subo en sitios a hacer cosas mientras me miran– solo que en el modo capitalizable –digamos, el del trabajo– se te reconoce como QUIEN LAS HACE. La que canta en un grupo, el que da charlas, les que hacen performance, la ilustradora, el tatuador, le artiste conceptual, la poeta, le pensadore, los comisarios, la que hace pelis… Y además alguna gente sabe que **es *la mejor*** haciendo esas cosas.

Tengo que ser honesta y mira, como soy aries, para mí a veces eso es un tema. Dice miamor que soy poco aries y yo digo que no, que más bien he aceptado que lo soy y lo he calmado o procesado o algo así, porque dentro de mí, de la persona que durante muchos años sentía que lo único por lo que se le valoraba era por *ser la mejor* de la clase, lo de ser la mejor está así como en un resorte automático espontáneo y profundo. A veces sale cuando alguien es muy brillante haciendo algo que yo disfruto y que considero hacer de una manera particular y ese alguien sabe que es la mejor y tiene gente a su alrededor que le dice y que te dice «uy sísísísí **es la mejor**».

Aunque cada vez menos —pues eso, a veces sale inesperadamente, qué coraje. Y necesito un tiempo para atenderlo, comprender lo que me pone triste —porque en eso sí que soy poco aries: cero de entrar en la competición, más bien me retraigo y silencio y aflijo— y compostarlo en otra cosa fuerte y divertida que sabe que competir es un rollo! Aún desprendida de las certezas, a esa sí que me quiero agarrar.

Cuando ya me he liberado de esos pensamientos mezquinos, entonces recuerdo: en realidad ni siquiera hay *la mejor*, eso es una mentira intolerante que reduce a las personas a 1 práctica, o las prácticas a 1 manera de hacerse. En realidad ser *la mejor* es ser unxs cutres.

Para ser *la mejor* se deja en un plano secundario el hacer las cosas pa gozarlas sin más ambición que esa —que es la fuckin mejor ambición que existe, leñe, y mira qué sencilla es. Se pone por detrás el hacer las cosas cuando la vida da ratos entre amor y cuidado y locuras de les amigues; se pone por detrás el dar lugar a las dudas, a dudar muchísimo de lo que estás haciendo y dudar desde la calma suficiente como para hacerlo con tremendo amorcito y respeto a ti misma; se pone por detrás la propiedad permeable que tenemos, la capacidad de dejar entrar profundamente comentarios o propuestas que pueden sacudir la idea de lo que es *hacer las cosas bien*. Se deja en segundo plano el meterse en líos que sabes que no tienes ni idea de cómo pueden terminar —pero en serio en serio, ni idea en absoluto de cómo.

Todo esto también hace que me dé miedo tomarme las cosas demasiado en serio, porque cuando son serias ya no son un juego y entonces suelen dejar de ser divertidas. «Pero también te metiste en esto porque no quisiste trabajar en una cadena de montaje o en una empresa de publicidad».
So, eeeeeeeeeew (?)

venga, pupi, te miras desde fuera y te das un besito
en la frente,
que lo que sí te tienes es mucho cariño

me gusta alguien
porque hace todo el rato bromas que no hacen gracia
y no se vence
y algo más tiene seguro
porque normalmente la gente insistente con las bromas me
cansa

Te gusta alguien? díselo ahora venga mírale
envía mentalmente tu declaración
CUÉLGATE COMO UNA TOTAL LOCA

os dejo una referencia que por algún motivo hay en google del refugio elola, al que fui en un viaje precioso hace unos años con lali y su cita de app:

«las habitaciones se separan por género binario, así que pude dormir con mi hermana en vez de que se fuera con el tonto ese. las camas son como las que se ven en las fotos de los campos de concentración y huelen a pies ácidos y vómito xd pero apretaditas se duerme bien. la comida está delicious. volveré!»

cosas bonitas gratis:

(4) Regalar a tu amiga un ramo precioso de flores de jardines
privados de tránsito público –de estos que ahora ponen los
edificios de oficinas de entrepreneurs– y balcones de casas –de
estos que chorrean desde el primer piso hasta la calle, como en
la esquina de c/ rec comtal con arc de triomf–, que te has pasado
todo el día preparando para su cumple, que será a las 19:00h
en un parque –todes llevamos telas para el suelo para estar más
cómodes.
(5) Compartir una merienda traída de casa.
(5.1) Hacer una merienda de recicle.

a veces cuando hablo siento como si tuviera una burbuja
en la garganta
una burbuja de saliva
y mi voz suena más parecida a la de raquel
que es más potente y firme
pero a la vez la sensación es como de que no va a salir el sonido
me pasa muy pocas veces pero
pienso mucho en esa burbuja
estoy intentando, cuando noto que está,
decir igualmente lo que iba a decir
es parecido a como cuando estuve 2 meses sin hablar
después de eso costaba enfrentarse al silencio
era desafiante
qué hay para decir lo suficientemente importante como
para cortar el silencio?
un silencio cada día más largo
parecía dos cosas:
(1) «estoy generando muchas expectativas,
como todo el mundo me ha colocado en el lugar
de *la que no habla*,
cuando vuelva a hablar será curiosísimo escuchar qué digo
qué presión,
si me callé precisamente porque no me podía enfrentar a lo
que tenía que decir»;
(2) «mientras más tiempo paso sin hablar,
parece que la razón que encuentre para sí hacerlo tendrá
que
ser mayor
para vencer la inercia de no hacerlo
—y a la vez ya pasó demasiado tiempo como para sentir esa
inercia pequeña»

mientras tanto escuchas escuchas y es fascinante ver
cómo la gente se interrumpe se grita se pega codazos para
hablar

dice cosas que se le olvidan en 5 minutos
se contradice todo el rato o se repite porque
NO SOPORTA PARAR DE HABLAR

puf fue difícil salir de eso
terminas acomodándote en el quedarte callada
como el anacoreta de la peli *El anacoreta*
que se quedó dentro del baño toda la vida.
al final la manera que tuve de salir del silencio fue
entregarme a mi vergüenza
hablar sin filtro
y asumir que hay que decir cosas de las que después
una se arrepiente
porque si se entra a sopesar de nuevo lo que merece la pena o no
cabe el riesgo de volver a decidir «mejor callarme»
así que nada, a cultivar la espontaneidad
y la verdad es que eso me llevó a echarme unas amigas de

mierda

pero bueno, con el tiempo fui capaz de reconstruir
un sentido crítico hacia mis propias palabras
y ahora tengo unas amigas de morirse de gusto

igual todo viene y va y ahora vuelvo a medir demasiado
mis palabras

pero también es cierto que voy por pedradas
y a veces me pongo a preocuparme
y la mayor parte del tiempo soy una bocazas

carta de reclamación

En _____, a __ de _____ de 202_

Re: pfff

Hola _____, me dirijo a ti para informarte de algo
que ha ocurrido. Hace ya un tiempo que tuvimos una rela-
ción y que la misma terminó, llevándonos a la categoría de
vínculo actual: exs. En los diversos encuentros, planeados o
no, que se han venido dando en este tiempo entre nosotrs,
comencé pensando que siempre está bien crear una bonita
relación con las personas con las que has tenido un vínculo
tan íntimo. Sin embargo, cada vez que te veo y recuerdo la
actitud con la que has decidido permanecer en el mundo
me siento más repugnada y alarmada.

Mira, me he dado cuenta de que no hace falta que nos lle-
vemos bien, no hace falta fingir que me interesas o que me
caes de ninguna manera. Reclamo una relación en la que
nos ignoremos a no ser que nos encontremos, y en ese caso
no tengo problemas con saludarnos, pero si vuelves a decir-
me alguna otra estupidez bufaré convenientemente y pode-
mos pasar o discutir un rato.

Puedes ponerte en contacto conmigo al terminar esta carta
para comentar todos los detalles que te sean de interés o
utilidad y por fin comenzar a ignorarme o puedes iniciar
una relación epistolar de insultos. Estaré entusiasmada de
desarrollar mi escritura desquiciada en torno a la rabia que
me das si me provocas un poco. Si en cualquier momen-
to decides dejar de avasallar con tu prepotencia chovinista,

burguesa y semental podré cambiar de intención.

Quedo a la espera de tu respuesta y agradeceré que aceptes y tramites mi reclamación cuanto antes.

chau,

_____

<u>3</u>

x k estoy triste?

III

¿pasarás a despedirte?

qué ganas de verte
YA!!

verás mi uña, si no me la he arrancado antes
qué grima, es como una puerta que se abre y se cierra
a una estancia interior con otra uña a medias y asquerosa
querrás que me deje calcetines para dormir?
jaja igual yo sí
o ya se me pasará
en verano llevaré una tirita cada vez que lleve sandalias
para que parezca una herida puntual
y no lo que tengo, puaj
en realidad no tendría que esconderlo
en realidad en otra época me habría dado más igual
pero es que jo, llevo tantas infecciones este año
que me cuesta aceptar que tengo que esperar a que se cure
otra más

mamá también tuvo un hongo y se le cayó la uña
hace nada que pasó
me pregunto si hay algo que nos dice el mundo a las que
hemos perdido la uña este año
mi compañera de trabajo igual, sin uña
la del dedo gordo del pie
habrá una plaga de hongos de uña del pie?
ah no, porque a la del trabajo se le cayó porque se dio un golpe
eso sí que dolió
le tuvimos que llevar una cocacola porque se desmayaba
qué asco la cocacola
qué tendrá que cura
yo la huelo y me da asqui

ahora todo el rato creo que mis dedos están infectados
y no quiero morderme las uñas (de la mano)
en la puerta de la uña
entre la piel y la uña podrida
hay una especie de telaraña
como de piel muy fina
pegada a ambas partes
tengo ganas de coger una cuchilla para apartarla y que sólo
quede una rendija
entre la uña negra y la carne rosa.

cosas bonitas gratis:

(6) Subvertir el orden de consumo de personas de tinder
quedando con mucha gente a la vez para celebrar una fiesta
poliamorosa o amistosa o algo así —esto no se me ha ocurrido a
mí, fue idea de ro.

elenamaría: si os tomáis esa cerveza hoy me
apunto
elenamaría: que como diría la amparito, la
primera me la voy a tirar por la espalda
rori: ajajajajajaj qué quiere decir eso
fer: que de la primera ni se va a enterar de
que se la toma, de las ganas que le tiene se la
va a echar por encima
elenamaría: yo qué sé, tía, mi madre dice
cosas que sólo son imágenes

Toda la vida mirando esa barandilla
Imaginando cómo se deja vencer el cuerpo por encima suya

en una casa:
un huevo de plástico que no es un temporizador sino que
lee el rosario
todo lleno de pósters de jesús sangrando sudando llorando
con las esquinas dobladas,
pegados con tesafil al gotelé
la abuela con cara de muerta mirándonos
hace un gesto: se pone tiesa con los brazos
en paralelo al cuerpo
luego se toca la punta de los índices entre sí varias veces
uno le traduce: dice «quiero irme a la caja con el abuelo ya»
el hueco entre el cristal y la enagua de la mesa del brasero
está lleno de estampitas de vírgenes y santos
se limpia los labios con una toalla de colores
«ea, que ahora va siempre con su pañito!» dice otra
todavía no se le ha caído la sangre
se queda mirando el vacío
luego no sé

Sabes cómo se consolidan los fascismos y los lujos?
Respetándolos
Sabes cómo se boicotean?
Estando en sus cosas pero   así
Ocupando el bar franquista
Comiéndonos sus croquetas
Paseando por su barrio
Bebiendo latas en sus plazas
contando mi vida en alto y que se enteren sus niñes
de que existen otras formas de
Morreándonos y tocándonos el culo en sus portales
Gritando en sus paradas de autobús
o de taxis más bien, supongo.[2]

---

[2]   tiene que haber más cuarentroners
que no sean ni madres ni workahólicas
no?
yo seré
aprenderé a echarme la siesta
quién quiere?

x k estoy triste?

IV

por la estrepitosa esa loca de cuidar que no era

Es que me entra sin darme cuenta,
me creo que todo está bien
y yo
y por qué no cuidar a otre que está triste?
o darle algo que tengo y necesita?

Bueno es que ¿es difícil contar esto?
—incluso— (yo a mí)
porque no es algo que parta de una cosa mala en sí misma
sino de una desvirtuación del vínculo
supongo

La cosa es que un día pun!
ya lo he vuelto a hacer,
ya he vuelto a dar cosas que no me han pedido
pffff qué complicado es encontrar los límites
entre lo
generoso que es bueno
y
la sobreprotección o
sobrepreocupación
o sobredotación
que posiblemente se haga paternalista
incluso condescendiente
para quien lo recibe

u otras veces genera relaciones de dependencia que luego
no puedo sostener

cuando pasa eso además es muy difícil decir qué pasa
porque con qué palabras le dices a alguien que
quizás
necesita ayuda
pero tú no la tienes?
o que te has agobiado?
no todo el mundo está preparade para escuchar eso
no sé si lo estoy yo

dice irene primor:
«como no estamos mejor ni estamos peor,
palante como los borricos»

perdona si me he puesto salvadora contigo
si lo hago dímelo
porfa

en otra casa:
«este calor es insoportable,
me duele todo el cuerpo
ya no hay baile los sábados
nadie me lleva a la playa
nadie me habla con cariño los domingos
nadie se queda cerquita para que le cuente mis cosas
nadie espera a que sea yo quien se despida en el teléfono
estoy cansada de esperar a que llegue octubre
no quiero morir de algo lento
me quedo mirando el vacío
un día tras otro
el vacío se mira por encima de la barandilla
se ve a lo lejos
viene hacia aquí
abajo no hay vacío, abajo hay suelo»

baldosas de terrazo 36
pastillas geométrico rojo 30×30 cm
pulido
15,85 €/m

a veces abro el frigorífico para hacer la cena
cojo una pera
y la yema de mis dedos que toca la parte trasera de la pera
siente que está por ahí más blandita más húmeda
entonces le doy la vuelta y me da un respingo
porque hay moho
y es como si me hubiera dado la vuelta y en la habitación
hubiera alguien que no me esperaba
me asusté porque descubrí una vida presente con la que
no contaba encontrarme
un día fui a casa de la abuela y me dijeron: está en el salón
y entré en el salón y no la vi
y miré otra vez y entonces me di cuenta de que estaba
delante mía
en el sillón con sus tubitos y sus pies encima del taburete
y es como si en la habitación no hubiera vida presente

no soporto su pusilanimidad
el perpetuo estado de terror
nada lo hace por gusto
nada lo hace por convicción
sólo reacciona buscando desesperada   protección

oración para viajar

virgensita virgensita
líbranos de la carreterita
y que no choquemos
y que no nos pase ningún acsidente

x k estoy triste?

V

yo sé que se ha tirado
porque ya había dicho que lo iba a hacer

lo hizo espectacular
hora punta
todas las viejas del barrio saliendo al mercado
antes de que suba el sol
todos los viejos del barrio saliendo al bar
a por su caña y churro
los autobuses hastarriba de gente al trabajo
apretaíta bajo el aire acondicionado
sudando y secándose la boca bajo el aire acondicionado
se levantó de la cama
«no soporto un sólo retorcimiento más»
caminó despacito por el pasillo
que es muy largo
arrastró los pies paso a paso cuarto a cuarto
mirando esas habitaciones en las que había criado a sus hijes
había criado a su madre
había criado a su imbécil
había criado a sus nietes
había criado a les vecines
pasito a pasito y llena de rabia de sufrimiento de desesperación
de sudor de flojera
atravesó el salón
y se subió al escenario
—ese balcón altísimo en el que desembocan todas las calles
de santa rosa—

arrastrando los pies
echando esos suspiros planos suyos por la raja de la boca
y pegó el empujón que empezó todo el numerito
«un solo golpe,
no sé si líquido o seco»
no sé si quiero saberlo
ya sé todo lo demás

todas mis muertas se han caído de un 4º
tal vez un día tengo yo también que hacerlo
tal vez llegamos al mismo sitio

Tininini
Aquí estoy con mis luces y oscuridades
Hoy es jueves
Obvia al mundo
Qué alegría
Bien con la complicidad
Mañana viernes
Bien con el desprecio
Todavía más contentas
Lo que sea está bien
Tininoni
Circulando
Tol día tumbadas
Fin de semana

rafi quiero ser como túuuuu

te vas haciendo mayor en esta ciudad y las nuevas amistades son, por lo general, cada vez menos físicas y menos cotidianas. son muy bonitas pero hay algo que te da pena porque cada vez están más lejos de esa manera de conocerse en los pueblos: jugando a las peleas físicas, a alimentar a una paloma muerta por un perdigón a ver si resucita, a tirarse en croqueta cada une al segundo después de le anterior hasta hacer una montaña de personas aplastadas entre sí abajo de la cuesta, a amasar juntas una mezcla de centros de manzanas con culos calientes de cervezas con aceite aguado de la ensalada con tierra y césped, a tocarse los culos dentro de una caseta de chuches de frigo abandonada… como que, para la mayoría de la gente, crecer equivale a perder la fisicidad con les otres. me da pena. de hecho, me niego. no quiero, quiero seguir abrazando y dando besos sin esa histeria interna de si le otre se va a rayar o se va a pensar que no sé qué. no lo digo desde el pasar de los límites de contacto que cada une necesite, sino desde el anhelo hacia una sociedad paralela en la que la gente es capaz de tocarse más y estar más junta, y en la que también es más fácil decir «no, no me toques», y menos drama que te lo digan.

cosas bonitas gratis:

(7) Una cosa que ahora, claro, suena a antes del covid– ir a bares con música a bailar y si tienes sed: pillas un vaso vacío usado y vas al baño a rellenártelo de agua. Si te quieres pedir una cerveza, estate pendiente del suelo alrededor de la barra porque llega un momento de la noche en que la gente está borracha y se le cae dinero cuando saca la cartera para pagar una copa.

miamor
no te mueras nunca
pero qué necesidad de esperarte
qué necesidad
de aguantar hasta que tengas tiempo
hasta que puedas prestar atención
hasta que dejes de hacer deberes
con todo lo que está silvestre mirándome

la virgen viene como volando
la vi con los párpados bajados

dice que no fume más,
que huelo a estanco quemao
y que no tengo bien los pulmoncitos
dice que haga deporte
que me cuide las rodillas
para que pueda perrear hasta bien abajo

dice que ser gilipollas en un asunto no te hace
absolutamente gilipollas
que lo piense conmigo misma para perdonarme más las
cosas
y que lo piense con les demás para ser más indulgente
dice que cuando eres maja es como tener en la calle plantado
un puesto de bendiciones populares
o un puesto de florecillas gratis
o repartir aguas fresquitas con sabores en agosto

dice: muestras públicas de afecto SÍ
dice: no se puede pegar a les niñes

que la gente pastosa (creo que se refiere a la de pasta)
tiene que pensar mejor qué hacer con su patrimonio
y que igual nosotres también tenemos que pensarlo más

dice que beba todas las jarritas de alegría que quiera

pero que recuerde que a veces sientan mal y me levanto con
el pelo
así tieso como de demonio
y la cabeza dura y seca
y esa angustia en la boca

—que calcule bien para sufrir menos

dice que el amor a morro:
todo el que pueda
que luego ya vemos

dice que lo mejor a veces es pa mí
y otras veces pues no
que sea agradecida
que me cuide de quien no

dijo que esa cultura en la que tanto trabajo no es libre,
que está a merced de la institución y del capital.
que no abandones nunca lo que haces por amor

luego flota y pega unas volteretas preciosas y sigue con sus
secretos mentiras y pelitos

carta de reclamación

En _____, a __ de _____ de 202_

Re: ya os lo cuento

querides mamá y papá:

Me dirijo a vosotros porque necesito que prestéis atención a algo. Llevo mucho tiempo queriéndolo decir pero al final nunca me atrevo en persona. Estoy segura de que vais a poder entenderlo, pero ha habido distintos comentarios y recuerdos del pasado que me tienen preocupada, me dolieron y me hacen sentir excluída.

Ya no me gustan los hombres, me gustaron hasta hace un tiempo pero cada vez menos y no creo que me volváis a ver con ninguno más. Es por eso que ya no puedo ocultarlo: llevo teniendo «novias» desde los 17 a escondidas.

Me da miedo que deciros esto me haga sufrir, así que prefiero que cuando lo leáis os deis un plazo de 2 días para pensar, quizás que habléis con otras personas que os puedan acompañar a pensarlo como padres, se me ocurren por ejemplo _____ o _____. Por favor, pensad mucho cómo lo vais a llevar y lo que vais a decir. Si no queréis hablar tampoco hace falta. Yo lo digo porque creo que es un momento para ser más honestas y entendernos más y que esto puede ayudar a relacionarnos de otra manera, pero no tengo prisa porque sea un tema normalizado entre nosotres.

Podéis poneros en contacto conmigo a partir de 48 h para comentarlo, si os apetece.

besitos, _____

me bebí 32 mezcales
es increíble este cuerpo
un día tan frágil: 3 cervezas y toda una noche de vómito
un día tan infinito: litros destilados y aún con este temple
esta mirada firme
compostura
la mente bien focused
absolutamente apegada a un momento que es este
sintiendo la vida hasta debajo de las uñas

llevaba mis ropitas de padre, perfectas para turistear
- una camisa de rayas, manga corta
- pantalones cortos de gimnasio
- calcetines altos con las zapatillas fosforitas de los 16
- la gorrita de esta temporada, con el pelito muy corto
asomando las patillas
Todo ese líquido tenía que salir de mí
así que entré al baño de los muñequitos con falda y ni me
percaté de su presencia, apenas percibí una figura de reojo
trasteándose el maquillaje frente al espejo
entonces gritó: ¡este servicio es para mujeres!
yo ni paré de caminar, simplemente di un giro y seguí
hacia la última cabina dando pasos hacia atrás
—yo no sé qué soy pero aquí hay un coño, si hace falta te
lo enseño
sonrojé instantáneamente su cara
y: silencio (mentira porque se oía muchísimo el reguetón
de fuera)

entonces sí vi su pelo
hasta las caderas, oscuro, ondulado, suave, precioso
un vestido apretado como los que salen en televisión
con un escote cruzado que muestra las tetas por arriba y
por debajo
con un corte que cubre exactamente el último milímetro
de nalga
los labios pintados las pestañas abarrotadas de rímel
me salió una sonrisa, de vacile
quise alargar la conversación pero se adelantó ella
—eres guapísima disculpa disculpa eres guapísima y yo soy
lesbiana
caminaba hacia mí se acercaba como un zombie caliente
a mí el mezcal me tenía impasible pero me tenía también
una llamita pequeña como la del termo, como la caldera de
casa
—de repente abres el grifo rojo y se despierta un llamón—
me puse hot
repetí: si quieres te lo enseño
caminó hacia mí
seguí caminando hacia atrás pero la postura de mis brazos
de repente invitaban, abrían la puerta de la última cabina
como los de una anfitriona que abre los portones a su
mansión o a su cama
Ya no sé si la anfitriona llegó a cerrar la puerta pero ahí
dentro estuvimos un rato
fue divertido
después salí me lavé la cara
me lavé las manos
volví a mi mesa
ahí seguían mis amigas moviendo el culo y sirviéndome
otro mezcal

se les pusieron los ojos como el fondo del vaso al contarles
nos dio la risa
mi amiguita miraba desde arriba, desde su grupo
vino al rato celosa
me preguntó si esas eran mis novias
ya me cansó un poco eso

después me la encontré en otro bar
le seguí al baño
me dio su número
volvió con lo de las novias
me agobié me fui con mis amigas
estábamos en un karaoke
salió a cantar algo y en la segunda estrofa de la canción
me miró
tiró el micro al suelo y se fue corriendo,
como una escena de anime
salió del local
no la vi más
menos por whatsapp –me mandó una foto de sus tetas
asomando por el escote de su vestido fucsia–
yo seguí bebiendo 57 mezcales
y seguía tranquila, templada
con la mirada tenue
con la lengua fría la mente ágil
recordé a miamor en algún sitio del mundo
no sé si esperando no sé si ignorando
lo pensaba tumbado bocarriba
las piernas cerradas la piel inerte
sin ganas de sentir placer
sin ganas de dejarme dárselo
sin deseo

recordé ese dolor tan háptico e insoportable del rechazo
(se queda pegado por todas partes),
de la incapacidad de follar,
de los puñales acusando de no hacer de no saber a la otra
para no reconocer que una está podrida
qué fácil follarse a todas en un baño nada más que
clavando los ojos
qué difícil follarse a una
por mucho que te devanas la cabeza
por mucho que te arrastres
pero qué necesidad

Venga no pasa nada
Venga no pasa nada
Venga no pasa nada
Venga no pasa nada
Venga no pasa nada
Venga no pasa nada
Venga no pasa nada
Venga no pasa nada
Venga no pasa nada no pasa nada
Venga no pasa nada
Venga no pasa nada
Venga no pasa ressssss
Venga no pasa nada
Venga
Venga no pasa nada
Venga no pasa nada
Venga venga no pasa nada
Venga ni pasa nada
Venga no pasa nada
Venga no pasa nada
Venga no pasa nada
Venga no pasa nada
Venga
Ven venga no psa nada
Venga no pasa nada
Venga no pasa nada
y un día no pasa nada y no puedo parar de llorar
Pero no pasa nada
?

Lo genial a veces de acostarte con tu amiga es que cuando
va a pasar ya llevas un rato sabiéndolo.

Uf vámonos de aquí antes de que nos pidan pagar por
todo lo que nos han puesto
Corre sal
Adiós!!
Chauuu
Tú crees que nos estaban invitando o esperaban sacar la
cuenta?
Yo qué sé, ya lleva mucho rato la persiana bajada y estaban
todes bebiendo
Pfff tía veo doble
Jajajajajaj
Qué
Que yo también
Cómo se vuelve a casa no sé ni dónde estamos
Jajajjaa ven
Ai
Oye
Qué
Entonces nos liamos no?
Mmm :)
No?
Claro!
Mua
Dame la mano y llévame a tu casa que no sé dónde estoy
Ven

Mua mua
<3
Ai esto me gusta mucho
Verdad?
Lo mejor de liarnos es que no nos vamos a rayar na
Mua, ya!!
Cuánto falta porfavor esto es larguísimo y quiero sacarte
la falda
Dos rotondas pero pfff
Bueno da igual no?
No hay nadie casi
Verde!
Cruzamos
Mua
Venga
Bfff tía
Ai jajaja viene un coche
Puajaja bueno da igual, ya he enseñao el culo en más sitios
Venga ya estamos
Bieennnn
Mua

Cómo te gusta?
Muchísimo
Jajajajaja
Qué?
Nada, te lo explico mañana, que igualmente ya me has
respondido con eso
Mmmm

me dejaste
o no lo hiciste
yo no lo sabía
me quedé ahí como una desgraciada
mirando el río
mirando mis manos
llorando de rabia
¿o era del alivio de por fin haberme librado de ti?
¿o era de una profunda pena?
¿o confusión?
había muchas versiones corriendo en mi cabeza
de cada una de ellas tiraba una cuerda tensa,
tensa y dura, como las de puerto,
y todas me hacían: sufrir

Se abre un pasillo de tiempo que es como

subí una foto a instagram con su cara
estaba preciosi
puse EL AMOR DE MI VIDA QUE SE QUEDE
CONMIGO VIRGENSITA PORFAVOR
dije yastá
si me deja pues aquí estará otra muestra pública más de
que estoy un poco loca y me pongo impulsiva a veces
total, la gente ya lo sabe
¿qué importa si spameo mi amor hoy y otro día mi desamor?
no es tan importante,
le pasa a todo el mundo,
hay que llevarlo con un poco más de tontería
Pero hoy le doy el gusto de que todo el mundo sepa que
esta pringui está enamoradita de ella

la isla de las tentaciones:

en la tele las parejas están mal y no tienen compromiso,
en su vida previa escapaban de la falta de compromiso
generando un sistema de encierre en la relación:
monogamia, enganche, rutina-fusión…
así que en cuanto salen del cerramiento ya nada les retiene
y se vuelcan en otras cosas

¿Cuál es nuestro cerramiento?

Cuando conocí a miamor llevaba tanto tiempo sin sentir enamoramientos que no entendía nada. Primero sentía eso del olor, que me volvía LOCALOCALOCA de verdad, es que me desgarraba cuando pasaba cerca y olía su sudor. El pecho se me llenaba y sentía todo el cuerpo creciendo internamente y los órganos a presión, como un globo a punto de reventar la piel. Al separarme tenía una especie de memoria pegada de ese olor, me duró unas 48 h aprox, y era capaz de reconocerlo como parte de otros que se parecían o que lo incluían o que compartían componentes, qué sé yo, pero que me teletransportaban a su cuerpo. Después me quedé esperando a volver a verle y de la extrañeza que me daba esa manera de llenarse el pecho dudaba si tenía ansiedad, todo el rato que pensaba en ella era como si hubiera tomado cafés de más. Qué risa.

cosas bonitas gratis:

(8) Bañarse en el mar (esto en la costa, aunque a veces está sucio —en el interior puedes remojarte en una fuente hasta que te riña la gente polisía).

Imagino:
pues ahora el tiempo no existe, el tiempo es una ficción
que los cerebros humanos utilizan para poder digerir la
realidad
trocito a trocito,
en segundos a segundos, de 'antes' a 'después'.
Y lo que parece una línea es en realidad…
una masa en contracción y expansión!
incomprensible
donde cada posición está condicionada por todas las demás.
Hiciste esto porque harás eso,
haces esto porque hiciste esa otra cosa,
todo lleno de sentido en el 'hacia alante' y 'hacia detrás'
y en todas direcciones
con saltos y un millón de figuritas
como las constelaciones del cielo

cosas bonitas gratis:

(9) Bailar en un parque alrededor de un altavoz. Si tienes bien
pillados ambientillos, no hace falta ni que el altavoz sea de tus
amigues, ya hay gente que lo lleva y pone temazos.

que
mis dientes amarillearán con los años
que me saldrán arrugas por los ojos y la boca
que podré sujetar un lápiz con mi cachete colgante de culo
—un lápiz o 10, un puñao—
que no te pareces a esa lesbiana famosa
TE PARECES A TU MADRE QUE ES HERMOSA[3]

---

[3]   A mi trabajo llegó un sms con una cita de matrimonio en la
comunidad de madrid el 14/12/2024.
Por un momento imaginé que el número se había quedado
grabado en registro después de oficializar nuestra delegación allí.
Y que ella había pedido cita para casarse con alguien.
Y me quedé tranquila sintiendo que ya está, ya se fue.
Y luego pensé que el 14 de diciembre fue el día que hicimos
algo bonito.
Y que ¿te imaginas si hubiera pedido cita para casarse conmigo y
me va a decir que nos casemos cuando hablemos?
Y eso me ha emocionado y me ha dejado aún más tranquila.
wtf loca estoy

¿ya estoy preparada para mirar de cara a la muerte?

cuando te mueras tú sí voy a mirarte
serás un cuerpecito frío amado
lleno de bichitos, ¿tendré que amarlos?
Julia dijo: hay que reconciliarse con el miedo
no con el que quieren que tengamos
que nos hace manipulables
o pensar que necesitamos cosas que no necesitamos
Sino los miedos propios
que nos movilizan
que nos hacen imaginar.
sólo soy capaz de imaginar los bichos, el miedo ni puedo
si pienso en tu cuerpecito

se me pondrán los labios rojos de darte besos
los ojos rojos de darte besos

¿se rompió la cara al darse con el suelo?
dicen que no pero no la vi
y tuve que pedir en la morgue que enseñaran sus juanetes
para reconocerla

Cada hora que no rezo es probablemente una hora infeliz
A veces no me acuerdo de rezar
Pero es porque estoy mirando el cielo
Es porque estoy rodeando los dedos de alguien
Es porque rafi me mira
Es porque dibujo mi tristeza
No son acaso esas otras formas de rezar?

Entrevista

un día no doy para más
y me cepillo los dientes mientras termino de masticar la cena
me siento desgraciada y me pregunto
¿debería dejar el trabajo para dejar de estar tan cansada?
¿debería resignarme y simplemente ser menos higiénica?

————

18:00 martes 24 oct., 2023 Barásoain

entonces, ¿qué es lo que pasó?

no lo sé, ahora no me acuerdo bien. estábamos limpiando
el coche en una de estas estaciones de lavado de gasolinera.
estaba todo lleno de hojas y basuritas de varios fines de
semana yendo a mirar los árboles. entonces me preguntó
por ti mientras pasaba una aspiradora por los asientos.
a mí el ruido me estaba distrayendo, me ponía nerviosa.
tal vez por eso entré en una especie de piloto automático
y conté algo que no quería escuchar. se puso muy triste,
lo noté. le pregunté pero no lo admitía, así que intenté
cambiar de tema. se fue a buscar más monedas y yo me
senté dentro del maletero, o me tumbé, ya no sé. me puse
de alguna manera un poco extraña, supongo. y de repente
se cerró y me pilló los dedos.

¿lo cerró? ¿no te había visto?

sí, lo cerró al volver. parecía que no sabía que estaba ahí,
porque se asustó muchísimo cuando escuchó mis gritos.

¿y entonces?

pues... por suerte no me rompí nada. pero tuve la mano
entumecida un tiempo, con mucho dolor, se me puso violeta.
me pusieron vendas. aún siento algo molesto cuando separo
estos dedo
                    y dices que ahí empezó el problema.

bueno, ahí empecé a notarlo. seguro que venía de más
antes. después se sentía culpable, y también se enrareció
un poco todo porque era mi mano diestra y hubo algún
intento sexual más torpe que... es que yo tenía mal la
mano, pero sentía que lo que incapacitaba no era eso. se
paraba de repente a hablar del accidente, de que pobrecita,
de mi dolor, de cualquier historia. y se cortaba el rollo
porque yo intentaba mantener el juego y nada. pero lo
sentía como una maniobra de distracción consciente. y
le preguntaba: pupi, te pasa algo? y decía que no, pero
proponía salir a beber un caldo. pasaron situaciones así
varias veces. y entonces tú me llamaste.

tenía miedo.

ya.

¿te da pena hablar de esto?

a veces. y la verdad es que, aún, cuando no me la da, es
porque lo cuento disociada de las emociones que me
produce.

te dije que iba a hacerlo

ya. pero también me dijiste que sería
antes, muchas veces. y yo tuve que... desprenderme de eso.
hice lo que me dijo todo el mundo que hiciera y lo que
mejor me sentó: mirar hacia otra parte, ver lo maravilloso
que había más allá de ti, lo que había en mí cuando no
estaba obsesionada en

a mí me da mucha pena eso

ya, lo sé, lo
entiendo.

sigue, porfa.

bueno pues... entonces empecé a hablar contigo, de
vez en cuando. yo se lo contaba siempre, pero no hacía
preguntas. al principio estaba asustada. dolida a la vez que
no sentía nada. supongo que era desconfianza. me sentó
muy bien algún día soltarte todo lo que pensaba, todo lo
que consideraba que necesitaba decir para poder volver
a mirarte. nos sentó muy bien que me escucharas y no te
justificaras. ¿te acuerdas de lo que dije? ¿crees que estás
respondiendo desde entonces?

*me dijiste muchas cosas, no recuerdo todas, pero lo estoy
haciendo, sí. es difícil. algunas cosas me cuestan, a veces no
puedo pensarlas. si acepto que no funcionan ahora estoy
aceptando que insistí demasiado tantas veces en ellas sin
criterio. es triste, es darme cuenta de cuánto he perdido el
tiempo.*

ya. pero sabes que eso es sólo una manera pesimista de
mirarlo.

bueno.

cuando volví a hablar contigo... tuve que terminar
haciendo un ejercicio de honestidad muy fuerte, para mí
era nuevo.

¿por qué?

porque tuve que superar mi... tenía una idea sobre mi
dignidad, sobre la justicia, no sé, sentía una resistencia
muy fuerte a confesarme cuánto te echaba de menos. y
entonces se dio cuenta y me dejó, no hay mucho más.
no sé guardarme secretos. no sé organizar escaletas de
informaciones que me permitan pensar con tiempo qué
me conviene. lo suelto todo, no me gusta no hacerlo, creo
que la gente no es libre de decidir cómo tratarme si no
sabe lo que siento. pero fue horrible. y ni siquiera sabía
para qué lo estaba haciendo, todavía no confiaba en ti.

a veces pienso que sólo estás conmigo porque ya no está.

siempre podrás martirizarte con eso. yo no quería que se
acabara, ya lo sabes, pero también me estaba reconciliando
contigo y tenía el enloquecimiento ingenuo de que iba a
poder ser todo. y ahora está claro que no se podía. ¿sabes
qué? en mi vida adulta he pasado varias etapas en las que
no estuve con nadie. hice incluso celibato autoimpuesto.
dudas de una persona que es muy feliz sola, yo sólo estoy
con alguien cuando siento que merece la pena abandonar
lo bonito que es no andar en ningún proyecto.

es práctico. yo... no lo he hecho.

ya. te recomendaría hacerlo, si no fuera que... ahora va en
contra de mis sentimientos.

también es recomendable esto
                         ¡esto es estupendo! ratita,
esto... decía jara el otro día como que el fracaso, el «ostión
que es el otro» es lo único que
                         no quiero hacerte perder el tiempo

venga, amorcito, pero si es que no va de eso...

¿te acuerdas del cuento que te escribí por tu cumpleaños?
                                          ¡fue
precioso! ¿ves? no podías estar y escribiste una historia de
lo que hacíamos. y ahora estás. y me miras, y... estamos
aprendiendo.

en un contexto precario se dan vínculos precarios.

sí, claro que sí, pero tú... tu y yo tenemos mucha
imaginación. eso es un tesoro. alguien me insistió mucho
hace tiempo: antes de quedarte atrapada en la cobardía del
no hacer, ¿por qué no ibas a hacerlo? me ayudó a espabilar
y a tener más iniciativa. sin embargo ese alguien encuentra
rara vez un motivo por el que dejar de hacer algo, así que
va por ahí avasallando y siendo estúpida. todo es muy
difícil, claro. pero hacemos mundos, beibe.

siento que voy a morirme antes de hacerlos
                              ya te moriste
muchísimas veces antes de hacerlos. lo hiciste cuando

te dejaste guiar la cabeza hacia abajo, lo hiciste cuando
besaste a macarena,
> *cuando empecé el poliamor,*
> *cuando dejé de hablar a mi amiga,*
>> cuando escribí

ese cómic, cuando salí del armario,
>> *cuando me fui a*

barcelona,
cuando dejé que me hicieras sentir tonta como un zapato,
cuando pedí perdón,
> cuando acepté las disculpas.

cuando hablé a mamá de dios. pero esto me da más miedo.

venga, ya nos hemos salido del juego. me toca ser la
entrevistadora.

vale. elige un tema

¿puede ser difícil?

sí

entonces, ¿qué es la protección para ti?

en mi casa:
no se puede querer a la gente por ósmosis, no lo entiende.
Aunque piense todos los días en la abuela, si no le llamo
se tira por el balcón[4]
Aunque ponga la foto de mi hija en el perfil de whatsapp,
si le doy con la cara en la puerta del armario se tira por el
balcón
Aunque le diga a miamor te quiero mucho, si no le miro el
fondo de los ojos
se tira por el balcón[5]

---

[4]   También yo miraba al vacío desde la barandilla
calladita con la boquita cerrada
miraba al suelo
pero no era un 4º
pensé: me merezco otra cosa, me espero
así puedo despedirte ahora, miamor
(hay lugares hasta donde parece prudente pensar,
luego otros a partir de los que para qué atrapar tanto)

[5] no quiero el amor gris desconfiado de yung beef
a yung beef lo que le pasa es que le da mucho miedo
y está triste
a yung beef lo que quiero es darle la mano
y decirle mira el cielo las estrellas
si no me muerde

Si no me quieres dar un beso para qué voy a querer dártelo
yo?
No sólo por el acoso
obvio!
qué frustración y la tristeza
recibir un beso por acorrale o por compromiso

Yo iba así preguntando por los besos felizmente como
estrategia monísima para que la gente me los diera y
para no mojarme con el atrevimiento o el riesgo de
un no consentimiento —claro, que había muchas veces
que preguntarlo se convertía en una cosa mecánica,
incomodísima… no? Pero entonces, un día, una amiga
hizo algún comentario desdeñoso hacia la gente que
siempre pregunta y justo yo le conocía a ella porque un
día le pedí a su amiga si le podía dar un beso. Y hablamos
sobre el miedo profundo que en el fondo yo tenía de
hacer nada que se pareciera a las personas que abusan de
su posición de poder: ese profesor, ese director, ese jefe
—otra persona definió eso como la gente que utiliza sus
instancias de poder como instancias de seducción. Y me
dijo algo así como que siendo tan evidentemente distinta
a esos, qué, iba a encarnar yo su castigo siempre? yastá no
quieres hacerlo de otra manera? te quedas con la ranciedad
de las feministas del norte de europa y abandonas la
espontaneidad sensible
la magia
eso tan sexi que sabemos hacernos aquí?

marta no me pidió permiso para darme besos
con su boca apestando a sardinas de lata
y a mí me dio mucho asco
pero me dio más risa
así que le di más besos
y empezó a lamerme toda la cara

a mi amiga le pregunté muchas veces si quería besos
a pesar de miamor
y aunque por un tiempo me dijo que sí
luego me dijo que en verdad no
y que fue una mierda haberlo hecho
que ojalá pudiera borrar todo eso

Me mira con su cara de drogada, se cuelga de mi cuello y dice: i love you. Yo me pongo roja, nunca me ha dicho nada parecido. Le beso y después le pregunto por qué en inglés. Empieza a balbucear palabras inconexas y frases sin sentido. Digo ¿qué? Vuelve a abrir la boca y no soy capaz de entender nada, aunque sonríe con muchísima gustera y yo también. ¿Te acuerdas de lo que has dicho? Mmmm, creo que no, ¿qué he dicho? Le beso feliz. Si no te acuerdas no es importante –y seguimos bailando.

Otra vez más:
qué palo decirle a mis padres
«ya no estoy con ella ahora estoy con ___»
Ver en sus ojos
«a ver si entonces ya se le pasa!!»
«pfff pos no»
Siento que es un camino a la muerte
llevo corriendo a la muerte todo este tiempo
Queriendo que pasen los días los meses
una fase
un dolor
un deadline
y queriendo que pase
cada vez estoy más cerca
de la edad de mis padres
de la abuela, del balcón
de morirme y que digan «ya, se acabó»
Qué pocos ratos últimamente queriendo que
el tiempo se pause
Es eso una forma de sentirse muy viva o todo
lo contrario?

pero, luego, usamos estas palabras:

«dame un tiempo y un espacio
sin saber cuándo acaba
rica
caliente
me muero, me mmuero
está buena
me   m mmm
deliciosa
a veces sucio, me gusta
y la chulería
es muy sexi tía su
textura bffff
investiga exhaustivamente
su
cuello huele a historia
deseo pegajoso
guarradas
textura bffff
se va calentando   cuando lo tocamos
se va humedeciendo   cuando lo tocamos
untar
placer

carta de reclamación

En _____, a __ de _____ de 202_

Re: nuestra relación

Querido amorcito:

Me dirijo a ti para informarte de que necesito que prestes atención a algo. En _____ yo me eché una novia maravillosa, tan lista, tan guapa, tan divertida, tan buena contadora de historias, tan embelesadora de mi atención, una novia que eres tú y que me tiene feliz feliz de la vida. Sin embargo, tal y como me pasa a mí misma y a todo el mundo, la novia viene con algunos defectillos que, aclaremos, no nublan todo lo anterior.

Lamentablemente, el pasado _____ yo me sentí un poco dolida/bloqueada/invisible por verme convertida en desagüe de descarga de algunos problemas que desgraciadamente te abruman en este momento. Estando muy de acuerdo en que una no se merece nada de lo que te tiene frustrada, me gustaría solicitar una reparación del modelo de novia que eres para que en las próximas ocasiones de uso nuestros males sean compartidos sin volverse a la contra de ninguna de las dos (ni parecerlo), contados con más calma o tacto, dejando orgullosamente clara la diferencia entre el saco de boxeo y la confidente cómplice.

Puedes ponerte en contacto conmigo al terminar esta carta para comentar todos los detalles que te sean de interés o utilidad. Estaré encantada de añadir algunos besitos para que el proceso de reparación sea lo más satisfactorio posible.

Quedo a la espera de tu respuesta y agradeceré una resolución para este problema. Esperaré hasta [establece un plazo de tiempo razonable] antes de iniciar otras estrategias que nos ayuden con esto.

muchos besos, tq

_____

Volví a hacer un striptease emocional que nadie esperaba
jo ahora me da un poco de vergüenza

<u>5</u>

«Reflexiones sobre [blablabla] como medio de cultivar el
amor a dios»
Qué es dios?
Dios soy yo
Es un perro
Es una raya del speed más malo si lo sabes encontrar ahí
Es la comisura del beso de esta guapa
Es tu mano haciéndose vieja
La cena que ha preparado raquel
Raquel es dios!!!!
Y un pastel
Y follar así ayer
El libro ese
La tumba del amor insatisfactorio
Sus preguntas curiosas
El ojo azul el dedo amarillo
La punta blanca de la colita de rafi
Los rayos que asoman de detrás de la nube

El otro lado de mi tristeza que sigue siendo tristeza

(C)

dios nunca responde
está ¿demasiado? ¿por alguna parte?

x k estoy triste?

VI

mi hermana tiene unas manos que curan
tiene unas manos que miran
pero ahora está ciega

yo: Oye
yo: He empezado un podcast secreto que no sé hasta cuándo durará
yo: En el que leo unas cosas que estoy escribiendo y os las paso a algunas personas
yo: Y creo que a ti tmb te pueden gustar
yo: Llevo 2, el primero es de 12 mins y otro de 3 jajaja
yo: Quieres que te lo pase?

lali: Uhhh claroo
lali: Qué bonito

yo: No te lo hw dicho pero es tmb porque para mí es un ensayo de aprender a leer en voz alta y son unpoco desastre porque lo hago con mucha ansia
yo: Leo muy rápido
yo: Entonces me sirve para ensayar el leer mejor

lali: Aah pero es guay
lali: Y los textos los escribes tú?
lali: Me parece un ejercicio muy bonito

yo: Sí
yo: Son cosas que tenía a medias o en esqueleto (algunas desde hacía años y otras más recientes ya que me he animado)
yo: A ver espera que he vuelto a casa y como las envié por telegram ahora tengo q hacer el cambio de mensajería por ordenador

(al rato)

yo: vale este es el cap. 1
yo: [audio cap. 1]
yo: entonces llevaba tiempo queriendo darles una
forma más hecha y eso me tenía como un conflicto
conmigo misma de que tenía muchas ganas de hacerlo
y a la vez no me ponía porque me imponía mucho o
algo así
yo: y estos días por fin he encontrado la actitud y me
he puesto

lali: Ah qué guay
lali: Yo necesito encontrar actitud también para hacer cosas
bonitas ♡
lali: Mañana lo escucho

yo: y este es el capítulo 2
yo: [audio cap. 2]
yo: pues a ver si se contagiaaaa que ahora es como
droga e igual es guay o igual no, pero el placer que
me da hacerlo me tiene muy contenta

lali: Jajajaja
lali: Sí, tengo que hacer esfuerzo
lali: Gracias por compartirlo ♡

yo: ♡ a ti por querer escucharlo
yo: venga bebé buenas nches
yo: por cierto hoy vi lejos de los árboles de jacinto
esteva y me gustó

(día siguiente)

lali: [videollamada perdida]
lali: Uy uy perdón

    yo: Qué tal el turno?

lali: [en respuesta al audio del cap. 1] Me ha encantado
ehh
lali: Es que lo estaba escuchando y te llamé sin querer
lali: [en respuesta a lo del turno] Sííí, lo acabé ahora al fin
lali: Siento que me he colado en un espacio íntimo entre
miamor y tú como una voyeur

    yo: Jajajaja pues en verdad este lo tenía inventado
    hace mucho tiempo y los ojos ya eran azules en mi
    cabeza
    yo: creo que son los ojos de mi abuela lala o los de
    una nazarena mayor que vi alguna vez
    yo: Pero no lo había escrito, nada más que el
    esqueleto
    yo: He decidido para tener más ilusión por hacerlo:
    oficializar secretamente este podcast

lali: Ya, puede ser cualquiera pero miamor me trasmite un
toque escurridizo que le pega
lali: Cómo?
lali: Ah guay

    yo: Quizás cada noche
    yo: O al menos cada noche que tenga algo que leer
    yo: Pero así tmb tengo ganas de escribir cosas

lali: Genial
lali: A ver cuánto dura jaja

    yo: ya xdddddd

lali: Puedo ponerme como propósito contestarte a alguno xD
lali: Pero no prometo nada

    yo: Sí
      ♡

lali: Que ya sabes que yo soy más escurridiza aún xD

    yo: Jajajaja SÍ

lali: Estoy llegando a casa y tengo un aspecto deplorable
lali: Doy un ascazo
lali: xD
lali: Me doy más bien

    yo: Jajajaj foto
    yo: Yo me acabo de levantar
    yo: [selfie en el váter con la cara hinchada y pelo de bocadillo]

lali: Xdddd
lali: alien
lali: [selfie borroso en el metro con la mascarilla, las gafas y el pelo sucio]
lali: VS predator
lali: jajasjajaj

yo: Jajajajajja
yo: El flequillito pegao a la frente

lali: Asqueroso

(al rato)

lali: [selfie radiante y guapa, iluminada por la luz de la
ventana de la cocina, con un anillo nuevo en la mano]
lali: ya Duchada

    yo: [selfie radiante y guapa, iluminada por la luz de
    la ventana del salón]
    yo: Yo tmb
    yo: Jajajajaj lluvia de estrellas

lali: Jajajajaj

    yo: [gif de JLo saliendo espectacular de entre unas
    cortinas rojas]

lali: Jajajajajajaj

    yo: Jajajajajajajaj

lali: Y qué dices de mi anillo
lali: Te gusta?
lali: Es el primero que no me molesra
lali: Ya he aguantado más de dos días con él

    yo: síí es bonito

yo: un día podríamos ir a un cash converters a ver qué
oros hay
yo: aunque igual siguen siendo muy caros

lali: Síííí
lali: Vamos
lali: Aunque sea a mirar

hace mucho tiempo que no fumo porros, porque desde hace unos años no me sientan bien. me generan más ansiedad social y bucles degenerados que otra cosa, además de unos pensamientos intrusivos superhostiles hacia mí misma que no se merece nadie. sin embargo, el verano pasado, una de las últimas veces que fumé, en la que me preguntaba si todo eso que me decía a mí misma en ese estado era algo puntual de la locura de fumada o eran pensamientos habitualmente escondidos en el inconsciente pero importantes o eran cosas que también pensaba sobria, decidí escribir lo que pasaba por mi cabeza para leerlo otro día e intentar llegar a alguna conclusión. lo bonito y poco resolutivo es que lo que salió fue un textito sobre mi amor a mi hermana lali, y después esta tontería: «se confirma la historia. esto −¿se entiende algo?− lo escribo durmiéndo con clara en delta fumadosima. porfa no borrar y revisar consciente pars intentar comectar con el fumao y ver si recobe algo, entiende algo, puede comectsr con este flujo de pelsamoento de fumadismo que siempre se preguntara si existe el otro lado (el no fumado) y se puede comunicar con el. tengo escrizofrenia?» osea no entiendo la mitad pero me dio risa y creo que lo que esa escritura paranoica viene a mostrar son unos miedos frecuentes que sin fumar sé gestionar, y me imagino como que cuando entramos en ese estado aparecemos en un mundo otro en el que estamos todes les mariguanes atontades, como en cubículos de $1m^2$ sin darnos cuenta de que hay muchos otros cubículos alienantes o enajenantes en los que otres cerca se sienten igual.
y que en ese estado veo doble así que no puedo escribir bien.

estaba en una casita medio en ruinas que sarai y emma
acababan de comprar en un pueblo. no tenía agua ni
electricidad, así que cocinábamos con un camping gas y nos
duchamos con la manguera. estábamos ellas, elenamaría,
clara, mica, marina, juno, tigran, el niñe y yo. en el mismo
pueblo hay una casa de unos artistas que organizan muchas
cosas y alojan a otros artistas, comisaries, etc todo el rato,
así que era fácil encontrarse a gente conocida aunque
estuviéramos a horas de barcelona. sarai nos engañó y nos
llevó a una excursión que decía que duraba 1h para llegar a
una cascada preciosa y en realidad duró 3. yo hice como 5kg
de ensaladilla y después de esa caminata nos la comimos
entera. había un cubo que me gustaba mucho porque era
como el recipiente de nuestra simbiosis de una manera
muy literal y plástica: era el cubo donde todes hacíamos
pis. como nos daba mucha risa, no lo vaciábamos después
de cada chorreo. como nos daba tanta risa, terminamos
decidiendo no vaciarlo hasta llenarlo para ver cuánto
tardábamos en rellenar los 60 litros −en 2 días lo habríamos
conseguido, pero como pesaba mucho y ya olía demasiado
lo tiramos antes de llegar a un nivel en el que si apoyabas
el culo tocabas el líquido. había otro cubo para cagar, y
el mecanismo consistía en poner una bolsa de plástico
orgánico antes de sentarte, hacer la caca dentro y después
irte con tu bolsa al contenedor. eso también nos daba mucha
risa porque somos así de tontis todas, tengamos 3 o 43 años.
la máxima risa llegó cuando clara salió con su bolsa de caca
y la del niñe por la puerta de casa camino a la basura y se
cruzó con la presidenta de una asociación de galerías que
estaba entusiasmada por preguntar qué tal, qué hacía, y si le
enseñábamos la casa.

yo: lali

yo: Al final te has apuntado al putomáster?

yo: Jooooderrrrrr

yo: Bueno pues te apoyo a tope con el máster

yo: sin resignación

yo: también es mi culpa es verdad

yo: te dije que íbamos a hacer un ritual de adiós al sacrificio y luego no lo hicimos

yo: hasta trajiste las cosas que te pedí

yo: unos apuntes o no sé qué de la oposición

yo: para prenderles fuego

yo: Pero bueno por lo menos ya no piensas cosas que no te iban a dar tiempo como lo de adoptar un perro enfermo

yo: o comprar un terreno para conseguir la alcaldía de un pueblo empadronando a tus amigues y montar raves

yo: y lo que sí has hecho es apuntarte a clases de twerk

yo: igual lo del terreno podríamos mirarlo

yo: o adoptar un perro que tengas tiempo de cuidar

cosas bonitas gratis:

(10) Rituales rituales rituales hay que hacer un montón de rituales y hechizar la ciudad! Pero esto es secreto, no se puede decir cómo se hacen, os los tenéis que inventar.

(11) Performar por ahí un personaje distinto al que sueles ser todos los días.

(12) Manifestarse

x k estoy triste?

VII

Porque no juego joderrrrr
Fíjate que siempre pasa más o menos así:
Deberes deberes deberes deberes ∞
y ganas de no hacerlos,
así que decido hacerlos primero
para después tener tiempo libre.
Entonces;
deberes deberes deberes deberes ∞
y entre medias se me ocurren juegos
como escribir algo
o ir a un sitio
o llamar a mi amigue
o pedalear hasta la playa
y pintarme un bigote
y probar a aplastarme las tetas con esparadrapo
y hacerme unas fotos sexis
o hacer ejercicio para que no me duelan las rodillas y pueda
bailar como he visto que hace alguna gente que baila bien
o publicar otros fanzines
y volver a dibujar cómics
y dibujar tapices
y contarle a la abuela que me gusta miamor,
que es guapísima y que brilla
y aprender a conducir para coger un coche y salir de la ciudad
sin saber a dónde pero llegar a un sitio precioso
y coger el bus para ir a una clínica de operaciones de estética
y pedir presupuesto para un aumento de pecho (sólo por el
divertimento antropológico de observar cómo me atienden)

y llamar a una funeraria para pedir presupuesto por adelantado
de mi funeral
y tirarle pelotas a Rafi y gatear detrás de ellas por la casa
y salir al campo a comerme unas setas
y volver a robar en el corte inglés gourmet y el zara
y cocinar el plato favorito de cada une de les habitantes del
rancho…

Pero como estoy con el ansia de hacer los deberes para tener
tiempo sin deberes
voy haciendo, mientras, una lista
de las cosas a las que quiero jugar,
y cuando llevo ya rato sin que me dé tiempo
hago una carpeta en el ordenador organizándome
para que cuando sí tenga un rato no
se me olvide nada de lo que quería hacer.
Y cuando llevo aún más rato sin que me dé tiempo
y lo poco libre que tuve no daba para los juegos
que tenía pensados,
lo gasto en actividades con alta probabilidad de éxito,
como por ejemplo estar con las personas que quiero
y me pone contenta
abrazar
y escuchar
o como salir de fiesta y bailar.

Pero cuando eso pasa durante mucho rato seguido y las
listas y las carpetas de los juegos se han hecho ya tan
largas que no entiendo algunas cosas que hay apuntadas
y no tengo rato para ponerme a interpretarlas ni energía
para recordar por qué me entusiasmaban, he entrado ya
en un estado de desmemoria, desmotivación, tristeza,

incapacidad de improvisación, olvido del placer, falta de risa, inseguridad de poder convocar a otros para jugar… Y encima me siento culpable porque la noche que estuve libre a las 22:45, en vez de ponerme a ordenar mis sentimientos me puse a ver la isla de las tentaciones (que me ayuda a olvidarme totalmente de los deberes y acordarme de lo contenta que estoy de las personas que quiero, pero que no estaba en la lista de prioridades).

Entonces me miro así,
tan torpe tan miedosa tan bloqueada tan desprendida de mí
que pienso
tía, que eres puto aries y eneagrama 7,
k la pasa?

Y na, pues cuando me doy cuenta, como que de repente miro al miedo de cara y lo veo como uno que me está mirando y me impone, pero a la vez yo nos miro desde fuera y lo veo tan cutre que me doy otro beso en la frente y siento que se me pasa (empieza). Luego soy capaz de contarlo a las amigues con quienes voy a jugar.

me voy a dormir con mi amiga,

                                                                             sí!
en su cama llena de sudor antiguo, regla y camisetas sucias
en la parte de los pies

entonces, me niego a asumir que vas perdiendo
la capacidad o te vas distanciando de cultivar los
compromisos de constancia y amor puro con tus amigues.
menos contacto, menos fisicidad, menos ilusión, menos
entrega… jamás!!! siento que hay gente que también
se niega a esto pero que lo enfrenta de otra manera:
la maternidad –quizás buscando generar un vínculo
inquebrantable forever?

a veces sí siento a las demás alejarse y que la predisposición
a hacer crecer esos vínculos de familia inventada va
perdiendo reciprocidad. mi terapeuta dice que estos
momentos de tristeza que me entran tienen que ver con
que sigo en duelo de haberme ido de madrid. yo pienso
que igual tiene razón, porque fue lo que siento mi primera
casa y allí la gente de mi mente se toca y se arrejunta más.
también sé que soy una pesada con esta cosa de buscar y
promover la intensidad, que necesito demostrarme que
existe así que la inicio yo y a veces igual no viene a cuento.

                      esta uña que se pierde es como mirar el cielo

toni tiene ese espíritu anfitrión del sur que me emociona. le
encanta llenar la casa de gente y ofrecer un pack de diversión
completo, como si fuera un animador de fiestas de hotel: te
pone el sitio, la música, la comida, las chuches, la mezcla de
gentes, el carisma para dejar en la puerta las miserias y ponerse
el traje de comunión –de comunión gremlin-amorcito, no la
de la iglesia. ahora que se ha operado las rodillas hasta baila
genial. para terminar 2021 asumió de nuevo y con muchísima
ilusión la organización de una nochevieja donde recibir en casa
amigues de distintas ubicaciones y contextos que intuía que
se iban a entusiasmar. empezó dos semanas antes a preparar
el menú de la fiesta, a seleccionar las bebidas, a comprar
trampitas, a elegir mantel, hasta se trajo desde málaga una
vajilla de su madre de la época de recién casada. estaba todo a
puntito a puntito, hasta acababan de llegar a su casa las amigas
de berlín, cuando le dio por hacerse una prueba de antígenos
y DIO POSITIVO. noooooooo un día antes! no se lo podía
creer. no sentía nada, lo había hecho por hacer y toma! en la
cara. jo, qué triste se puso. así que le prometimos que íbamos a
celebrar esa fiesta que tenía planeada otro día: lo llamaríamos
la nochevieja falsa. la cosa es que ha ido pasando el tiempo y
las agendas múltiples originalmente implicadas no encuentran
un punto común, así que hemos decidido montar un capítulo
previo entre toni dadú yo y quien se sume para hacernos la
nochevieja falsa-falsa y estrenar los platos de la cartuja. va a ser
genial –pensaba.
y entonces pasó el tiempo y hubo una crisis y lo dejaron,
y ya no me acuerdo de si llegamos a celebrar la nochevieja
falsa o sólo la falsa-falsa o ninguna.
se deshacen muchos planes todo el rato.
hay que tocarse más

vuelvo al dejarse de tocar: ¿tiene que ver con ensimismamiento?

propongo: falta como una revisión afirmativa de lo que la modernidad laica ha llamado «sacrificio».

muchas veces no hay disposición a pedir ayuda porque parece que se espera que no sea pedida, como si se evitara entrar en deuda porque el cuidado se midiera como en una economía. se ayuda entonces en pasivo −no haciendo, o permitiendo el uso de recursos que ya se tienen, o acompañando una vez que se está coincidiendo en tiempos y espacios−, pero en activo −el esfuerzo de la movilidad, de añadir una tarea, de cambiar de planes, de dar sin garantías de vuelta− cuesta y se evita. me gustan las relaciones que se dedican esfuerzos activos mutuamente −probablemente desequilibrados y caóticos, ¡claro! pero arraigados en la confianza absoluta de que le otre te ama, te atiende y está pa ti todo lo que pueda. quiero las recompensas, como cuando después de apoyar en una mudanza internacional, después de venir 10h a mi cola de urgencias y hacerme juegos, después de cocinarte tuppers entre semana porque no tienes tiempo ni de lavarte el pelo, tenemos un rato de agotamiento y pizza guarra como deleitándonos en el amor demostrado y aumentado, qué satisfacción.

si lo pienso sólo para y entre amades en el sentido pareja −2−, puede ser aborreciblemente romántico y conservador. pero si lo pienso como una red de amades, con vínculos distintos, sin una jerarquía de más o menos compromiso establecida únicamente según el tipo de besos o el sexo: no lo es y además es supersostenible! a ver, que sí soy una ingenua, pero siento que como tenemos energías y tiempos y fisicidad limitados, al repartir en la red nuestras necesidades y nuestros apoyos, ni nos agota el atender a una sola persona ni dependemos del agotamiento de una sola para recibir o no apoyo.

me motiva mucho más dedicar mi entusiasmo a esto que a desarrollar un proyecto brillante que guarde mi nombre en la historia, si alguna vez me veis obsesionada con un proyecto seguramente sea que esa red está pasando una racha floja.

cosas bonitas gratis:

(13) Robar en el carrefour, el corte inglés, el día, el mercadona, el sorli, el ametller... primero comida, básicos. Después subes de nivel, algo gourmet. Un día puedes ir a un local de inditex o similar y robar una camisa: un robo por capricho. O robar los regalos de navidad familiares. Si te entra preocupación por la ética de ello, abres conversación con tus amigues y lo discutís: las consecuencias para la empresa, para les trabajadores, el riesgo de ser pillada, la táctica... ¿Qué tal? Experimentar *el mal*, no sé.

miamor,
Aunque tú estés sufriendo
Nadie se merece sufrir
ni un poquito
Hasta que no te comprometas con la innecesidad de sufrir
no creo que pueda estar
El sufrimiento es otra sustancia en circulación
Cuando sintonizas con él
pues te toca atravesarlo
y también puedes necesitar drenar
—como el amor.
Te llega y lo acumulas
o haces una toma de tierra
o lo amplificas y lo circulas
lo repartes
entras al flujo eres chorro
Son como canales de realidad de los que formas parte
Puedes estar en varios a la vez
o puedes perderte en uno
Se te perdió el mando?

miamor,
no quiero ser todo el rato la fuerte
yo también quiero que me ayuden
caerme en peso muerto
y me levantas
alguna vez: que me des tú todas las soluciones
tutorízame
alguna vez que yo no pueda

cuando te digo que pienso en mi cuerpo descomponiéndose
y siento alivio, a veces es porque siento
«qué bien que cada vez está más cerca»
y otras simplemente porque no me da miedo.
igual te alarmas
no te preocupes, me pasa poco,
cuando pasa, no sé,
igual es sano.

antes
antes
sólo podía relacionarme con la idea de morirme desde el
pánico
ahora siento más cosas
ahora
ahora pienso en que partes de mi cuerpo se están muriendo
y siento
siento paz
mañana
mañana diré joder qué dramática
cómo te gusta a veces asomarte al borde del hoyo
mirar la tierra

ya!!!
nadie quiere hablar mucho
es tan insoportable?

creo que el último resquicio hetero de mi vida —jajajaja
hablo con tanta seguridad y luego soy tan desastre pero por
favor virgensita virgensita que sí— fueron unos mensajes
de whatsapp que me mandó un tipo. en la foto no se le
reconocía y me escribió algo así como que «cuánto tiempo,
me acuerdo mucho de ti». yo llevaba un tiempo largo
deprimida y una de las cosas que me venían sorprendiendo
de mí misma en esa época era que llevaba mucho tiempo
sin sacudirme nadie ni llenarme de ilusión. estaba
enrollada con unas tías geniales y todo lo que sentía era
genital —qué contraste con ese pasado de desequilibrada en
el que me atiborraba de enamorarme de tantas personas
a la vez. era como… ¿qué me pasa? ¿ya no soy capaz de
encontrar la belleza en el mundo? y mientras pensaba esas
cosas me llegaron esos mensajes y de repente se me activó
un estúpido sentimiento romántico como de que igual
era alguien bonito que se había quedado olvidado en el
pasado y que me iba a alegrar recordar. pero como se hizo
el misterioso de más cuando le pregunté 3 veces quién era
mientras me pedía quedar, pasé el número a unas cuantas
amigas y descubrimos que era el exnovio más problemático
de una de ellas, que además venía escribiendo últimamente
a las de su entorno haciendo como que buscaba ligar
e intentando sacar información de ella. pffff en fin me
sentí ridícula y sentí otro rebose, el del romanticismo
bobo, y también provocó una hartura tremenda hacia los
desconocidos que vienen a ligar.

carta de reclamación

En _____, a __ de _____ de 202_

Re: nuestra amistad

Querido diablillo:

Me dirijo a ti para informarte de que necesito que prestes atención a algo. Me encanta pasar tiempo contigo. Sé que eres una de las personas de las que depende mi felicidad diaria, que me ayudas y me apoyas, que me escuchas, que me aconsejas y piensas conmigo de las maneras más sabias y sorprendentes, que me divierto y me río constantemente con tus cosas y cuando me acuerdo de algo que me has dicho, que quiero tenerte cerquita siempre, casarte, cuidar a tus bebés, querer a tus novias, envejecer cerca. Sin embargo, tal y como me pasa a mí misma y a todo el mundo, vienes con algunos defectillos que, aclaremos, no nublan todo lo anterior.

Lamentablemente, el pasado _____ volviste a llegar tarde a una de nuestras citas y yo me sentí un poco triste/abandonada/desquiciada por verme una vez más esperando en la calle sola mientras paso frío/calor y un pesado me chilla cosas sobre mis piernas desde un banco. Estando de acuerdo contigo en que una tiene que vivir tranquila y que poder atender los imprevistos que le surgen, a veces siento que los planes conmigo se quedan detrás de otra serie de prioridades o fuentes de succión de tu atención y me gustaría que fueras más consciente de la ilusión que siento cada vez que vamos a hacer algo y decidimos juntas cuál sería la mejor hora para hacerlo. ¿Crees que podrías intentar aparecer más veces en los sitios que quedamos a la hora que decidimos?

Puedes ponerte en contacto conmigo al terminar esta carta para comentar todos los detalles que te sean de interés o utilidad. Estaré encantada de que me cuentes si yo soy una pesada escribiéndote cuánto falta para que llegues o si hago cualquier otra cosa que prefieres que cambie.

Quedo a la espera de tu respuesta y agradeceré una resolución para este problema. Esperaré hasta [establece un plazo de tiempo razonable] antes de iniciar otras estrategias que nos ayuden con esto.

besitos <3

_____

cosas bonitas gratis:

(14) Ir en bici.
(14.1) Ir de noche muy de noche en bici con lali a recorrer todo
el paseo que bordea el río o el mar –pero recuérdale que se lleve
una chaqueta, que la última vez se puso mala.

después

entendí algunas cosas acepté esas derrotas
al aceptarlas cambió un poco el tema
de repente no son tan derrotas, es como que
ya no quiero lo que me traía esa amargura
será ego o he aprendido?
no sé pero
estoy bajor

índice

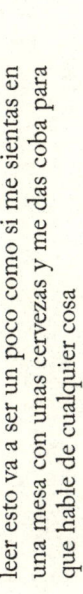

leer esto va a ser un poco como si me sientas en una mesa con unas cervezas y me das coba para que hable de cualquier cosa

gracias interminables para pawlita,
miamor, me das tanto,
gracias rafis
gracias rancho
gracias capillitas
gracias mis amigxs
gracias las que ya no
estáis conmigo

Otros títulos publicados en Blatt & Ríos

¿pasarás a despedirte?
se terminó de imprimir
a finales del mes de marzo de 2024
en los talleres de Safekat
Madrid, España.